AF248249

Inauguration

DU

MONUMENT DE GAMBETTA

DISCOURS

DE M. E. SPULLER

Président du Comité de Souscription

PARIS

MAISON QUANTIN

7, RUE SAINT-BENOIT

1888

Inauguration

DU MONUMENT

ÉLEVÉ A LA GLOIRE DE GAMBETTA

PLACE DU CARROUSEL, A PARIS

LE 13 JUILLET 1888

—·—

DISCOURS

PRONONCÉ PAR M. E. SPULLER

PRÉSIDENT DU COMITÉ DE SOUSCRIPTION

———

MONSIEUR LE PRÉSIDENT DE LA RÉPUBLIQUE,

MESSIEURS,

La première et la plus intime pensée des amis de Gambetta, dans ce jour de triomphe, au pied de ce monument de piété reconnaissante et de gloire immortelle, est une pensée de deuil, une émotion de profonde et inconsolable douleur. Nos cœurs saignent encore de la blessure inguérissable que nous portons, depuis la mort foudroyante et prématurée de celui qui était notre force et notre joie, notre orgueil et notre espérance. Oh ! oui, nous le savons bien, et nous en sommes heureux, il est là, maintenant et pour toujours, debout, frémissant, éloquent, dans toute l'activité de son ardent patriotisme, obéissant aux inspirations du génie de la France dont il a été tant de fois la voix vibrante, le regard tourné vers l'avenir rayonnant de cette jeune démocratie républicaine qui avait en lui l'un de ses plus dévoués, de ses plus sages, de ses plus grands serviteurs. Mais nous sommes de ceux pour qui, même en une solennité comme celle qui nous rassemble et qui est le suprême hommage rendu par ses contemporains aux talents, aux services, à la vie désormais légendaire, quoique sitôt tranchée, de l'homme qui a été notre chef et notre ami, il ne peut plus y avoir de fêtes. Nous célébrons sa gloire avec une noble et juste fierté ; mais nos larmes coulent toujours au fond de nos cœurs, surtout au moment où nous le revoyons tel que nous l'a rendu le ciseau fidèle d'un grand artiste, tel que nous l'avons connu et aimé, dans les plus beaux jours de sa trop courte carrière ; et nous pleurons en silence, quand nous pensons à ce qu'il serait, à ce qu'il ferait pour la République et pour la France, s'il était encore là, vivant, parlant, agissant au milieu de nous.

S'il était encore là !

Ah ! messieurs, que cette parole, qui nous échappe si souvent dans la mêlée confuse des événements et des hommes, me soit permise, à l'heure où j'élève la voix, avec tant d'honneur pour moi, devant le premier magistrat de la République et les membres du gouvernement de mon pays, devant cette imposante assemblée où je reconnais les visages de ceux que Gambetta avait appelés à l'aide dans son œuvre de relèvement de la patrie par l'affermissement des institutions libres de la démocratie, devant cette foule immense, accourue de toutes parts pour saluer le tribun et pour acclamer le patriote. Oui, je sens, pour l'avoir souvent éprouvé, que l'amer et persistant sentiment de la grande perte que nous avons faite, le jour où Gambetta a brusquement disparu, domine ici tous les cœurs, et que ce sentiment se traduit sur toutes les lèvres par la parole que j'ai prononcée et que je répète : s'il était encore là !

C'est ce que l'on dit partout aujourd'hui, comme pour faire écho, à plus d'un lustre de distance et à travers bien des vicissitudes, à ces autres paroles qui, au jour de la mort de Gambetta, remplirent la France, l'Europe, le monde entier : quelle perte ! quel vide ! quel malheur pour son parti ! quel deuil pour son pays ! Tous les Français, républicains et patriotes, répandus sur tous les points du globe, se confondirent alors dans une commune effusion de regrets et d'appréhensions, excités, entretenus, portés à leur comble par les souvenirs de la carrière si courte et si remplie de Gambetta, par les exemples de civisme et les enseignements de sagesse politique qu'il laissait après lui, et enfin par cette indéfectible espérance en un meilleur avenir, par cette foi passionnée dans les hautes destinées de la France, que, par une sorte de privilège, il avait le don supérieur d'allumer dans les âmes.

Messieurs, c'est tout cet ensemble d'émotions, de pensées et de rêves ; c'est la magnifique communion dans le malheur et dans l'espoir qui réunit, autour du cercueil de Gambetta, plus d'un million d'hommes, avec des larmes dans les yeux et des fleurs dans les mains, dans ce cortège inoubliable, de la Chambre des députés au Père-Lachaise ; c'est cette mort qui fut considérée par tout un peuple comme une catastrophe ; c'est ce triomphe vengeur de tant de soupçons injustes, de tant d'attaques déloyales, de tant d'indignes outrages ; c'est ce jour rayonnant du 6 janvier 1883, qui suivit de si près, sans pouvoir, hélas ! réparer les ruines qu'elle avait faites, la sinistre nuit du 31 décembre 1882 dans l'humble et triste maison de Ville-d'Avray ; c'est ce moment à la fois si cruel et si grandiose, unique dans notre vie à tous et qui marquera dans l'histoire de Paris et de la France, c'est tout cela que le monument dont le voile vient de tomber a pour objet de représenter et de perpétuer, jusque dans la postérité la plus reculée.

Ce monument a été conçu, voulu, édifié par toute la France républicaine, non seulement par la France du dedans, mais par celle du dehors, sur laquelle Gambetta de son vivant avait les yeux incessamment fixés et qu'il voulait rendre aussi prospère qu'influente. Un comité s'est formé dans lequel ont demandé à prendre place à l'envi tous ceux qui, de près ou de loin, avaient connu Gambetta, pour l'avoir secondé dans la tâche qu'il s'était donnée. Ce comité, composé en majorité des membres de la représentation nationale répartis dans les deux Chambres, a trouvé partout des adhérents et des auxiliaires, aussi bien parmi les simples citoyens que dans les conseils électifs du pays à tous les degrés. Grâce à l'activité que tout le monde a déployée, nous avons recueilli des offrandes de toutes les provenances et de toutes les valeurs, l'obole touchante des pauvres et les splendides présents des riches. Plus de deux cent cinquante mille souscripteurs nous ont apporté plus de trois cent soixante mille francs. Dans tous les pays du monde, la presse a voulu coopérer, avec la presse française, dont le concours énergique, puissant et désintéressé nous a été d'une si grande utilité, à l'œuvre que nous avions entreprise.

Des sommes considérables nous sont parvenues des contrées les plus éloignées, des grands centres de population jusqu'aux confins du désert. Partout où des Français se sont rencontrés et réunis, des collectes ont été faites, et les étrangers même, ceux du moins qui ne méconnaissent pas les bienfaits de la France et sa glorieuse part dans la civilisation générale, s'y sont associés, pour témoigner de la sympathique admiration que leur avait inspirée par son courage et son éloquence, par son habileté politique et son dévouement à toutes les nobles causes, le généreux fils de notre généreuse démocratie. D'autres souscriptions, destinées à des œuvres de bienfaisance collective et pour soulager les victimes de quelque grand désastre, ont pu monter plus haut que la nôtre : rien de plus naturel ; nous n'en sommes point jaloux, et nous sommes loin de nous en plaindre. Mais rien de pareil ne s'est encore vu, pour consacrer la pierre et le bronze à la mémoire d'un homme brusquement enlevé à l'affection de ses concitoyens : c'est sans doute, messieurs, que pour nos donateurs partout disséminés il n'y avait pas seulement à rendre hommage à une existence pleine de travail, d'honneur et de vertu, si brusquement, si cruellement brisée, mais à s'unir et à se retremper, sous le coup même de ce malheur, dans une commune pensée d'activité réparatrice et de confiance inébranlable dans l'avenir.

Sous l'empire de ces idées, notre comité a fait appel à tous les artistes français pour l'exécution d'un monument d'un caractère historique et vraiment national comme la souscription qui nous a été confiée. Au concours qui a été ouvert, il y a maintenant cinq années révolues, 89 projets ont été envoyés. Un jury, composé des maîtres de l'art français, nous a guidés par ses lumières et son expérience dans le choix définitif du meilleur projet. Nous n'avions donné d'autre programme que celui qui est tracé par l'inscription que vous pouvez lire au bas de ce monument :

A GAMBETTA, LA PATRIE ET LA RÉPUBLIQUE,

voulant dire, par cette expression à la fois simple et grande de nos sentiments intimes, que nous ne séparons pas en Gambetta le républicain du patriote, et que nous entendions glorifier aussi bien les rares qualités d'homme d'État qu'il a déployées au service de la République et son action décisive sur la démocratie française que la foi patriotique, la constance au-dessus de toutes les épreuves et l'indomptable vaillance qui lui ont permis de soutenir la France désarmée, trahie et vaincue, durant les cinq mois héroïques de la Défense nationale. Il nous a paru que ce programme avait été compris par les deux artistes éminents à qui le jury a donné ses suffrages. Associés dans la conception de leur œuvre commune, ils sont restés unis de cœur et de pensée pour l'exécuter, avec la collaboration des praticiens et des industriels les plus renommés de notre pays. Cette œuvre, après cinq ans de labeur, est maintenant sous les yeux du public, qui est le juge des juges : c'est à lui de prononcer l'arrêt suprême.

Tel qu'il se présente à vous, messieurs, le monument dédié à la mémoire de Gambetta vous apparaîtra, sans doute, avec le caractère original et supérieur qui nous l'a fait préférer à tant d'autres : c'est un monument de deuil, d'enseignement et d'espérance. Tout cela se lit clairement dans sa forme générale, dans ses lignes architectoniques tout ensemble sévères et nobles, dans ses ornements distribués avec tant de goût, de simplicité et d'élévation. Nos artistes ont tenu à honneur de s'effacer devant le grand homme qu'ils avaient à célébrer. Ils ont poussé si loin ce scrupule qu'ils se sont appliqués à laisser la parole à cet orateur du premier rang parmi les orateurs de tous les temps et de tous les pays, au lieu d'appeler le marbre à parler pour lui et à sa place. Ils ont voulu que les principaux discours qu'il a prononcés en tant de villes et devant tant d'auditoires différents mais également conquis et subjugués, fussent rappelés comme on rappelle les victoires d'un homme de guerre. C'est la voix puissante de Gambetta, c'est sa haute raison, c'est son grand esprit de justice et de fraternité sociales, c'est son admirable instinct de l'avenir politique de la démocratie française, devenue libre, éclairée, maîtresse d'elle-même, de ses préjugés et de ses passions, que reconnaîtront au fond de leur cœur tous ceux qui, passant ici, voudront s'arrêter pour lire les paroles profondes et saisissantes inscrites sur ces pierres. C'est bien là le monument élevé à la gloire d'un homme dont l'éloquence a été l'unique moyen d'action sur ses concitoyens : du fond des abîmes infinis, il leur parle encore, comme au temps où il les éclairait et les entraînait par sa présence. Aussi, messieurs, c'est avec une vive satisfaction que je remercie le conseil municipal de Paris d'avoir associé à

cette solennité les enfants de cette population de Paris
que Gambetta a aimée d'un amour si fidèle, dont il avait
porté l'esprit de résolution et de sacrifice en province,
quand il partit à travers l'espace, pour aller défendre le
sol envahi et l'honneur en péril de la France en détresse.
S'il est des Français à qui ce monument doit être plus
cher qu'à d'autres, c'est à ceux qui font leur entrée dans
la carrière. Gambetta ne se comprend et ne s'explique
que par l'enthousiasme si enviable des jeunes années.
Tout jeune il a connu les austères devoirs et il les a rem-
plis ; de bonne heure, il a goûté les jouissances de la
gloire mêlée d'amertume que donne la vie publique ; la
destinée ne lui a pas laissé le temps de vieillir et de se
consumer dans les regrets, les mécomptes et les rancu-
nes que laisse après lui le passé, et c'est ainsi qu'il a
porté dans sa vie, si brève et pourtant si pleine de
pensées et d'efforts, cette allure entraînante et vive,
cette charmante humeur, cette gaieté saine et forte, cette
exquise bonté : heureux apanage de ceux d'entre les
hommes qui ont devant eux l'avenir pour croire, pour
aimer et pour agir.

Messieurs, la France surprise, désemparée, défaillante
dès les premières attaques, toute prête à s'abandonner
aux mains d'un vainqueur qui semblait abuser du nom-
bre de ses soldats et de ses moyens matériels, justement
parce que notre chère et malheureuse nation se montrait
hostile à une guerre dont on ne prévoyait pas la fin cruelle,
alors qu'elle avait été commencée dans l'intérêt d'une
dynastie fondée sur le parjure et le crime pour nous ravir
nos libertés et le gouvernement de nous-mêmes ; et la
France tout à coup ranimée, relevée dans sa force et
dans sa fierté par un de ses fils, obscur plébéien sorti des

derniers rangs de la foule et connu seulement par un cri de révolte poussé au nom du droit devant la justice du pays, mais qui, dans le désarroi général, ne voulut pas désespérer de la patrie, de la Révolution ni de ses destinées parmi les peuples modernes : tout cet épisode à jamais mémorable de la Défense nationale en 1870, encore aujourd'hui si peu connu des Français, mais qui a, dès les premiers jours, fixé l'attention et mérité le respect de nos ennemis, demeurera, dans la conscience populaire, le vrai titre de Gambetta à la glorification de la postérité.

C'est l'appel sublime de Gambetta à la France qui a inspiré notre sculpteur dans ce groupe principal, où l'on retrouve comme un reflet du grand bas-relief qui décore l'arc de l'Étoile. Honneur incomparable mais à coup sûr mérité, rendu par l'artiste au patriote ! Rien de plus vrai, rien de plus juste, messieurs : Gambetta, pendant toute la durée de ce qu'on désignait, en un temps de mépris et de réaction, sous le nom de la dictature de Tours et de Bordeaux, sentit et garda, en son âme orageuse et profonde, pour le répandre sur la France, le souffle des grands jours de la Révolution. Moins heureux que ses devanciers et ses modèles, il ne put délivrer le territoire. On dit qu'il a sauvé l'honneur : ce serait une grande gloire, et qui suffirait à l'immortaliser. Mais l'honneur était sauf, j'en atteste les glorieux soldats qui ont combattu à Wissembourg, à Reischoffen, à Saint-Privat, à Gravelotte. Qu'a donc fait Gambetta ? Il a cru à la victoire définitive ; il a espéré, d'un cœur invincible, rejeter l'ennemi hors de nos frontières et reprendre ainsi, avec autant de fierté nationale que de prévoyance politique, notre bien sacré, nos chères et toujours aimées provinces d'Alsace et de Lorraine, qui lui ont gardé depuis lors un véritable culte de reconnaissance et de fidélité. Il a cru il a espéré, quand personne, excepté lui, ne croyait et n'espérait plus. Il a été seul, et c'est ce que l'on a osé, dans un moment d'erreur, appeler sa folie furieuse! Ah! l'amour sans bornes de la France, voilà quelle a été sa folie. Qui ne la comprend aujourd'hui? Qui ne l'admire? Qui ne voudrait la partager? Qui ne l'excuse tout au moins? Mais ce n'est pas d'excuse qu'il convient de parler devant ce monument de la gratitude des Français. C'est cette folie sublime qui est représentée là; c'est elle qui l'exalte dans cette attitude imposante où vous le voyez maintenant, et où le verra toute notre postérité. Il parle mais ne s'appartient pas; il est tout à son démon intérieur, et il prononce ces paroles qui ont retenti au cœur de la France pour la rappeler à elle-même et qui, comme les strophes d'une Marseillaise nouvelle, restent sacrées désormais pour tous les vengeurs du droit primé par la force. Messieurs, ce monument n'appartient pas à un homme, si grand qu'il soit : c'est un des autels de la religion de la patrie.

Mais, messieurs, voici le prodige dans la destinée prodigieuse de Gambetta. La guerre finie, la République restait à défendre et à fonder. Pour cette double tâche, le fou furieux du patriotisme devint sans effort le plus habile des politiques et le plus sage des hommes d'État. C'est alors qu'il déploya, en prodiguant sa vie, toutes les qualités intellectuelles et morales de sa riche nature, et que son génie prit tout son essor. Parmi ceux qui l'ont connu et suivi dans ses luttes quotidiennes, vous, messieurs les sénateurs, qui l'avez si fidèlement aidé à faire sortir la République et ses institutions des délibérations d’une assemblée en majorité monarchique, où, dans les premiers jours, il pouvait à peine se faire entendre et qu’il avait fini par dominer de tout l’ascendant de son bon sens merveilleux et de sa passion communicative, n’êtes-vous pas unanimes aujourd’hui comme alors à reconnaî-tre la grandeur de ses services égale aux ressources infinies de son esprit? C’est dans cette période que s’établit, du libre consentement de tous les républicains à qui Gambetta inspirait autant de confiance que d’amitié, cette sorte d’autorité toute morale, dont certains esprits trop ombrageux ont voulu faire comme une usurpation coupable et qui ne pouvait être mieux désignée que par le nom si heureusement trouvé de dictature de la persuasion. Pendant dix ans, Gambetta s’est maintenu, par la seule et toute-puissante force de la vérité, à la tête de son parti, de ce parti républicain au sein duquel il était né et dont il était si fier, de ce noble et imprudent parti qui jusqu’à lui, par ses vertus comme par ses fautes, et par une sorte de fatalité qui semblait dériver du cours même de notre histoire depuis un siècle, s’était montré incapable de gouvernement, de ce parti que non seulement il sut porter pour la première fois et définitivement au pouvoir, mais qu’il travailla, du premier au dernier jour de son apostolat civique, à rendre patient et prudent, tolérant et juste, large et compréhensif au point d’attirer et de retenir toutes les forces vives de la France, afin que la République, couronnement nécessaire de la Révolution commencée il y a cent ans, devînt le rempart inexpugnable de la nationalité française, et que notre démocratie, initiatrice des peuples de l’Occident, fût la première à poursuivre, selon la belle expression dont il se servit un jour, « le but commun aux penseurs et aux poli-

tiques, aux savants et aux travailleurs, la haute civilisation parmi les hommes au sein de l'ordre et du
progrès ».

La force de la vérité ! Gambetta n'eut jamais d'autres
armes que celles-là. Il avait au service de ses grands
desseins une force d'âme, une éloquence vraiment hors
de pair. Sa force d'âme le mettait au-dessus de toutes les
épreuves ; nul péril ne l'a ému ; toute menace l'a fait
sourire : sa conscience était intrépide. Son éloquence si
abondante, si variée, si souple, qui prenait tous les
accents et qui s'élevait et descendait à tous les tons,
depuis l'imprécation terrible et qui roulait avec le gron-
dement de la foudre, jusqu'à la prière que l'on entendait
à peine comme le murmure d'une caresse, avait quelque
chose de magnétique, et il en usait avec une simplicité,
un naturel, un abandon de soi-même qui lui gagnaient
tout d'abord son auditoire. Jamais il n'a parlé pour
parler. Le verbe était pour lui le moyen d'action, et agir,
pour lui, c'était gouverner son parti en l'éclairant, soit
qu'il le soulevât par l'ardeur et l'entraînement de sa parole souveraine, soit qu'il s'appliquât à le calmer par
des réflexions tempérées et sages, où la raison unie à l'expérience se montrait, dans une lumineuse évidence, pour
assagir et dompter tous les esprits.

Son intrépidité morale et son éloquence si émouvante
avaient leur source dans son tendre et profond amour
du peuple. Gambetta, suivant le précepte qu'il a donné
lui-même, a aimé la République et la France jusqu'à
donner sa vie pour elles. Mais, dans la République et
dans la France, il a aimé par-dessus tout les foules, les
masses profondes, ces nouvelles couches sociales dont
il a salué et préparé l'avènement au pouvoir, et qui ont

eu en lui leur premier représentant. Il s'attachait de préférence à ceux de son parti qui avaient le plus grand besoin de sa direction et de ses conseils. Il portait la démocratie jusque dans les replis les plus intimes de son être. Né du peuple, il tenait à rester du peuple. Voilà pourquoi il s'attachait aux populations ardentes des grandes cités, tout en s'appuyant sur le fond résistant et solide de la France, sur le peuple des campagnes, qui nourrit et défend la patrie. Il a aimé Marseille, où il eut comme la révélation des grandes affaires extérieures et prit la haute idée de l'expansion nécessaire de la France au dehors, si nous ne voulons pas manquer à notre mission historique. Il a aimé par-dessus tout ce Belleville, qui lui a fait une si cruelle blessure, mais où il se sentait comme au foyer de sa propre flamme, ce Belleville qu'il ne voulut, par une autre sorte de folie qui lui a été reprochée comme la folie de son patriotisme, jamais abandonner, parce que, disait-il, c'est le rôle de l'homme d'Etat républicain, dans nos temps modernes, d'aller aux foules qui vivent encore dans l'agitation et le trouble des passions engendrées par l'ignorance, pour les appeler à la lumière et pour les élever vers les régions calmes de la pleine possession de soi-même. Oh! le peuple, le vrai peuple, le connaissait bien et lui rendait son affection! Nulle part, depuis la fatale séparation, je n'ai prononcé le nom de Gambetta sans l'entendre acclamer et sans voir des larmes couler de tous les yeux, et tout à l'heure nous allons revoir et saluer ce comité de Belleville, qui l'a tant de fois désigné aux suffrages de ses concitoyens en offrant sous son inspiration de si bons conseils à toute la démocratie. Ils sont venus ici, comme ils viennent tous les ans à la pauvre maison mortuaire, pour attester leur fidélité et protester contre une ingratitude dont Gambetta ne se serait pas souvenu. Car où sont les passions d'alors? Qui les a gardées? Qui ne les oublierait pas en un tel jour?

Tel a été ce grand homme. Messieurs, ne vous semble-t-il pas que ce monument qui consacre sa gloire lui était bien dû par la reconnaissance et l'affection de ses concitoyens? Gambetta, nous pouvons le dire, par son génie, par ses services, par la direction qu'il a imprimée à la France de son temps, par les indications qu'il a laissées à la France de l'avenir, doit être considéré comme un des plus grands Français qui aient vécu. Il a inscrit son nom à la suite des noms à jamais immortels des fondateurs et des défenseurs de la patrie, de la nationalité française; il continue, comme inspiration politique, la lignée glorieuse de Louis XI, de Henri IV, avec lequel il a tant de traits de ressemblance sous le rapport de l'esprit à la fois vif et profond, de Richelieu, de Danton; il est de la grande race, et son nom comme son rôle historique peuvent être mis à côté des plus illustres. Si vous ajoutez que ce fils du peuple a tracé la voie où, nous et nos enfants, nous devons nous engager si nous voulons fonder le gouvernement libre de notre démocratie sur l'ordre et le progrès, vous comprendrez comment il relie, avec ses devanciers de la Révolution, la nouvelle à l'ancienne France. Au milieu des splendeurs architecturales de la monarchie, la pierre élevée à la gloire de ce plébéien est à sa vraie place, au centre de notre histoire et de notre cité.

Monsieur le président du conseil, j'ai l'honneur de vous faire remise, en votre qualité de chef du cabinet qui dirige nos affaires, et je vous prie d'accepter, au nom de l'État, ce monument élevé par la patrie et la République à la mémoire de Gambetta, au moyen d'une souscription nationale et par les soins du comité d'amis qui m'ont placé à leur tête. C'est un grand honneur pour moi d'opérer cette remise et de faire ce don, en présence et sous les auspices du premier magistrat de notre république, qui porte si dignement un nom cher à tous les Français et qui, à l'exemple de son illustre aïeul, défenseur de la patrie en danger en 1792 et organisateur de la victoire en 1793, a voulu prendre part à la défense nationale de 1870, sous les ordres et la direction de Gambetta ; mais il m'est particulièrement doux d'en confier la garde à un ami attaché comme nous à Gambetta, dès le temps de notre jeunesse, et qui certainement partage les sentiments que nous inspirent sa vie et sa mort, sa grandeur et sa gloire.

Messieurs, ma tâche est terminée ; mais, au nom de cette amitié qui vous est bien connue et qui me fut si douce et si chère, ne me permettrez-vous pas de me tourner vers cet homme à qui je me suis donné tout entier et que, tout mort qu'il est, je porte encore vivant dans mon âme, pour lui dire : Ami, te voilà tel que je t'ai si souvent vu dans mes rêves, debout dans ta force et dans ton immortalité ; te voilà tel que je t'ai aimé et désiré ; tu es donné en exemple à notre jeunesse comme un patriote digne des beaux temps de l'antiquité, comme un républicain pur et sans tache, comme un homme généreux et grand, qui fait honneur à notre humanité ! Un noble sentiment d'orgueil remplit mon cœur, et ce jour est le plus grand de ma vie. Tu as su, dès le premier jour, que je te resterais à jamais fidèle ; ce sera ma gloire à moi de conserver pieusement ton esprit, tes leçons et tes exemples. Dans l'émotion où je suis, je me possède à peine ; mais avant de fermer la bouche, que ne puis-je, en ce moment, parler comme toi, pour dire à cette foule : Français, républicains qui m'écoutez, oubliez vos discordes et vos haines d'un jour, la France est immortelle et vous veut tout entiers. Réconciliez-vous dans la paix républicaine ; unissez-vous pour la patrie et l'humanité. Là est le devoir, l'honneur ; là est aussi la suprême récompense.

Vive la République !

Paris. — Maison Quantin, 7, rue Saint-Benoît.